∾ Personajes del Mundo Hispánico ∾

Conoce a
Jorge Luis Borges

Georgina Lázaro León

Ilustraciones de Valeria Cis

VISTA™

"En el fondo del sueño están los sueños".
Jorge Luis Borges

A Nicolás, Mariela, Sergio y Liliana
G. L. L.

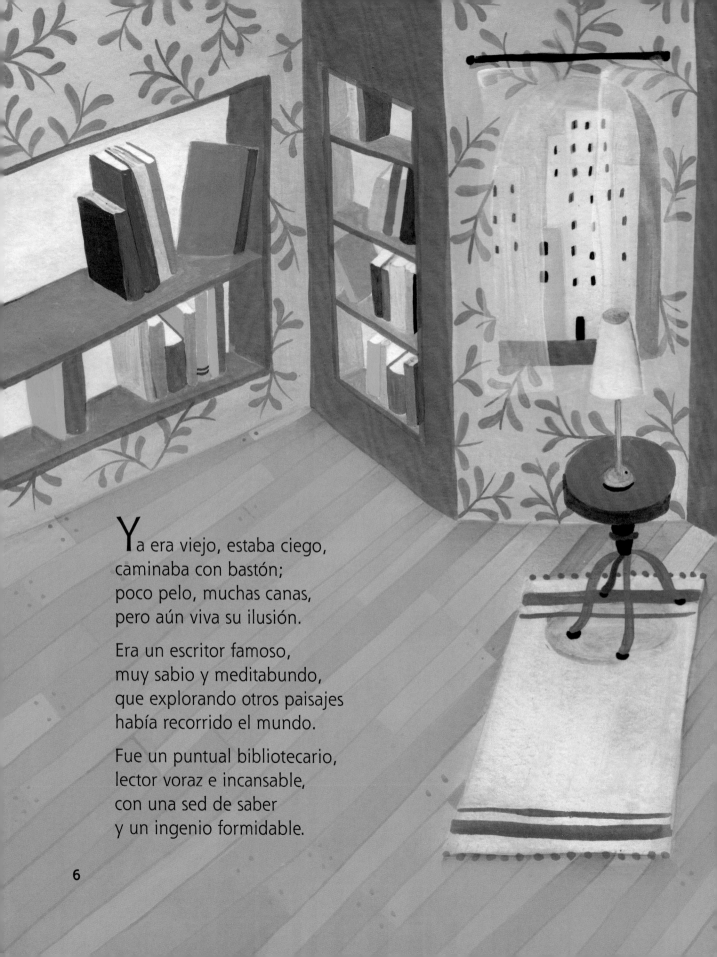

Ya era viejo, estaba ciego,
caminaba con bastón;
poco pelo, muchas canas,
pero aún viva su ilusión.

Era un escritor famoso,
muy sabio y meditabundo,
que explorando otros paisajes
había recorrido el mundo.

Fue un puntual bibliotecario,
lector voraz e incansable,
con una sed de saber
y un ingenio formidable.

Pero aquel día se sentía
como un niño ilusionado
que en el día de Navidad
va a recibir su regalo.

Quería saltar de alegría,
podría cantar de emoción;
pero solo sonreía.
¡Bailaba su corazón!

Así fue que Jorge Luis
marchó un día tras su sueño,
el anhelo que guardaba
desde que era muy pequeño.

Aún estaba muy oscuro
cuando salió en un camión
que remolcaba una cesta
y un bulto enorme y marrón.

Cerca del amanecer,
llegó a una inmensa llanura.
Allí en el valle de Napa
comenzaría la aventura.

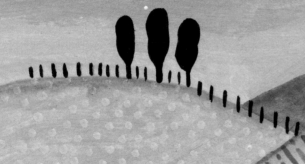

Aquella valija enorme
guardaba un globo grandioso.
Cuando lo inflaron con gas
se veía tan hermoso…

Como una pera invertida
de colores… ¡Increíble!
Igual a los que había visto
en sus libros infantiles.

Sus ojos no lo veían.
Veía con su corazón,
con sus recuerdos de niño
y aquella viva ilusión.

Veía con sus manos cultas,
veía con su piel anciana,
con su nariz de sabueso
y sus orejas, tan sabias.

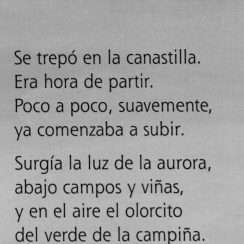

Se trepó en la canastilla.
Era hora de partir.
Poco a poco, suavemente,
ya comenzaba a subir.

Surgía la luz de la aurora,
abajo campos y viñas,
y en el aire el olorcito
del verde de la campiña.

El viento soplaba ocioso
y acariciaba su frente
mientras empujaba el globo
que obedecía dócilmente.

Por aquel espacio abierto
flotaba como una nube.
Se reía como un niño
y decía: "¡Sube, sube!".

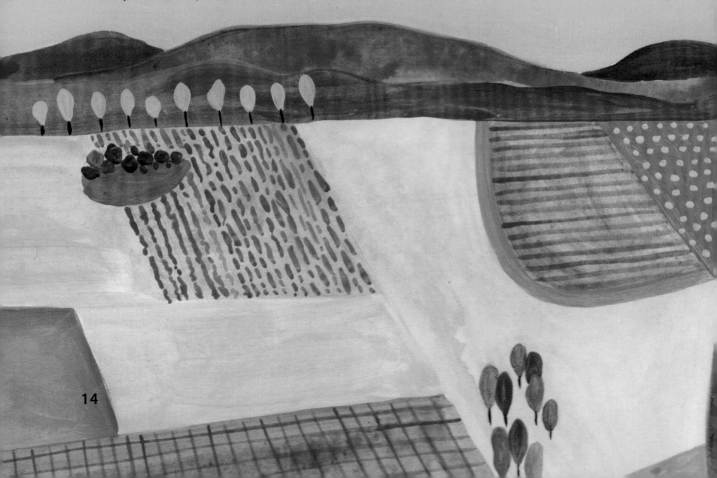

¿Estarían junto a él
sus amigos invisibles
que lo acompañaron siempre
en sus juegos increíbles?

Casi sentía en su piel
la cercanía de Molino,
y en el oído la risa
del que él llamaba Quilos.

Sonreía recordando
al niño que él había sido
cuando, sentado en el césped,
parecía distraído.

Se veía en aquel jardín
por ratos mirando el cielo
y soñando con volar,
allí, acostado en el suelo.

Volar como, desde abajo,
veía las aves pasar,
o como flotan las nubes
sin saber a dónde van.

19

Volar como aquellos ángeles
que su hermana dibujaba
o como un globo en el parque
que hacia el cielo se escapaba.

Volar como en aquel viaje
que, en un juego divertido,
lo había llevado a la Luna
dentro de un biombo florido.

Volar como lo leyó
en los libros tantas veces
y lo vio en la enciclopedia
y lo inventó Julio Verne.

Hora y media disfrutó,
asido a la barandilla,
de una aventura sin par,
de un viaje de maravilla.

Aquel lector erudito,
aquel escritor brillante,
olvidó toda su gloria
por esos breves instantes.

Era viejo, estaba ciego,
pero hizo realidad
un sueño que desde niño
no dejaba de soñar.

Aquel día se hizo real
su deseo tan querido
y el globo le devolvió
su paraíso perdido.

25

LAS MÁQUINAS DE VOLAR

El tornillo aéreo, o "helicóptero de Leonardo", diseñado por Da Vinci en 1490

Cohete espacial imaginado por Julio Verne para su novela *De la Tierra a la Luna* (1865)

Ornitóptero diseñado por Leonardo Da Vinci, 1485

Nave de ala fija de Sir
George Cayley, 1849

Planeador (precursor del ala
delta) diseñado por Leonardo
Da Vinci, 1478

El primer avión, diseñado y
construido por los hermanos Wilbur
y Orville Wright, volado por primera
vez en diciembre de 1903

El Albatroz (antecesor del
helicóptero moderno) imaginado
por Julio Verne para su novela
Robur el Conquistador, 1886

27

Georgina nos habla de Borges

Ya sabía que Jorge Luis Borges era un poeta, ensayista y escritor argentino nacido en Buenos Aires el 24 de agosto de 1899. Pero un día me pregunté cómo habría sido de niño ese señor que escribía cuentos tan serios, complicados y misteriosos que trataban del tiempo, el espacio, la realidad, el destino y otros temas como esos. "Seguro que nació viejo", me dije. "Tal vez nunca se divirtió. Sin duda creció callado, solitario, aburrido y solemne".

¡Qué equivocada estaba! Nada como leer para rectificar y aprender. Me gusta saber y leyendo supe que Borges tuvo una niñez tan radiante, divertida y llena que le duró muchísimo: ¡toda la vida, hasta que partió de este mundo a la edad de 86 años! La historia real que cuento en este libro da testimonio de ello.

El pequeño Jorge Luis tenía una abuela inglesa, Fanny, que lo llamaba Georgie y le hablaba y le contaba cuentos en inglés que estimularon sus fantasías y su curiosidad y lo convirtieron en bilingüe. Tenía una hermana, Nora, su cómplice y compañera de juegos. Con ella representaba historias que inventaban; algunas tenebrosas, otras, de aventura. Los dos pasaban horas leyendo o dibujando, tirados en el piso de un quiosco en el jardín de su casa. También tenía dos amigos imaginarios, Quilos y Molino, que formaban parte de su vida y sus juegos.

Otra cosa que le encantaba era ir al zoológico con su mamá. Corría a la jaula del tigre, su animal favorito; lo observaba con cuidado por mucho rato, para después dibujarlo y escribir sobre él. Pero de grande contaba que lo que más le gustaba hacer de niño era ir con su papá a la biblioteca, su lugar predilecto. Aprendió a leer siendo muy pequeño y leía todo lo que caía en sus manos: poesías, cuentos, novelas, enciclopedias, diccionarios…

Gracias a todas esas experiencias, desde los seis años de edad supo que quería ser escritor. Dos años después, escribió un cuento basado en la famosa novela española *Don Quijote de la Mancha*. Con tan solo diez años de edad, tradujo *El príncipe feliz* de Oscar Wilde, y a los quince, escribía poemas en francés.

Muchos años después, trabajó como bibliotecario y como conferenciante y profesor de literatura inglesa en la Universidad de Buenos Aires, y fue miembro de la Academia Argentina de las Letras y presidente de la Sociedad Argentina de Escritores. En 1955 fue nombrado director de la Biblioteca Nacional. Ganó dos premios literarios muy prestigiosos: el Formentor, junto a Samuel Beckett, en 1961, y el Cervantes, en 1979, por la excelencia de su obra. Pero a pesar de sus éxitos como escritor, Borges decía: "No me enorgullezco de lo que he escrito sino de lo que he leído".

Glosario

anciano: Persona vieja o algo característico de una persona vieja.

anhelo: Deseo muy grande.

aurora: Luz débil antes de la salida del sol.

biombo: Conjunto de tablas plegables para hacer una separación en un cuarto.

cultas: Ilustradas, instruidas, educadas.

dócilmente: De manera fácil, con obediencia.

erudito: Que tiene una gran cantidad de conocimiento.

florido: Con flores.

formidable: Muy bueno, grande, magnífico o extraordinario.

gloria: Gran fama.

grandioso: Que impresiona por lo grande o por sus características.

ilusión: Alegría, entusiasmo. También, esperanza o deseo de realizar algo.

ingenio: Capacidad para pensar o inventar cosas o para hablar con gracia.

invertida: Que está colocada en posición, dirección u orden contrario.

meditabundo: Muy pensativo.

ocioso: Que está sin trabajar. También, innecesario, inútil.

rectificar: Cambiar un dato, opinión u otra cosa porque estaba equivocado.

sabio: Que sabe mucho. También, inteligente, sensato.

sabueso: Tipo de perro que tiene un oído y olfato muy agudos, por lo que se usa para cazar. Se aplica a la persona hábil para investigar y descubrir cosas.

solemne: Serio, firme, imponente, ceremonioso.

testimonio: Aquello que demuestra una cosa.

valija: Maleta. También, saco como el que se usa para llevar las cartas.

viña: Terreno plantado de vides. (*Vides* es el plural de *vid*, la planta que da las uvas).

voraz: Que come mucho o con muchas ganas. Es este caso, que consume o lee libros muy rápidamente.

© 2023, Vista Higher Learning, Inc.
500 Boylston Street, Suite 620
Boston, MA 02116-3736
www.vistahigherlearning.com
www.loqueleo.com/us

© Del texto: 2023, Georgina Lázaro León

Dirección Creativa: José A. Blanco
Vicedirector Ejecutivo y Gerente General, K–12: Vincent Grosso
Desarrollo Editorial: Salwa Lacayo, Lisset López, Isabel C. Mendoza
Diseño: Ilana Aguirre, Radoslav Mateev, Gabriel Noreña,
   Verónica Suescún, Andrés Vanegas, Manuela Zapata
Coordinación del proyecto: Karys Acosta, Tiffany Kayes
Derechos: Jorgensen Fernandez, Annie Pickert Fuller,
   Kristine Janssens
Producción: Esteban Correa, Oscar Díez, Sebastián Díez,
   Andrés Escobar, Adriana Jaramillo, Daniel Lopera,
   Juliana Molina, Daniela Peláez, Jimena Pérez
Ilustraciones: Valeria Cis

Foto de Borges en la contraportada:
Ulf Andersen/Gamma-Rapho/Getty Images

Conoce a Jorge Luis Borges
ISBN: 978-1-54338-228-0

Printed in the United States of America
1 2 3 4 5 6 7 8 9 KP 28 27 26 25 24 23